Cuentos cortos

Miami University
Special Edition

BILL VANPATTEN

Cuentos Cortos

FLASH FICTION IN SPANISH FOR NOVICE AND
INTERMEDIATE LEVELS

MIAMI UNIVERSITY SPECIAL EDITION

INPUT AND MORE

To all Miami University students who want to learn Spanish. I hope these stories help!

-bvp

Preface

Cuentos cortos is a new, exciting step in fiction written for learners of Spanish: flash fiction. Flash fiction involves stories that typically are under 1000 words but here at **Input and More** we have aimed for even shorter stories: under 500 words! As the saying goes, sometimes less is more—and what classroom learners and teachers get are easy-to-use, drop-in stories for any day of the week.

Cuentos cortos are easy to use.

- Select the story you want to use in class based on how well you think your students can handle that story given what they currently know and can do.
- Review **Vocabulario útil** with your students. These are not words the students need to "know" when they have finished reading; they are simply key words that will help them understand more of the story.
- Read the story in segments. Have students read the first segment and then pause to review the embedded **Preguntas**. Read the next segment and then pause again to review the next embedded **Preguntas**.
- Read the third and final segment and then have students do the **Un párrafo** activity as an overall comprehension check. Answers can be found in Instructor's Notes.
- Next try out the task that follows. (Instructor notes may be requested at www.inputandmore.com.)
- Optional: have students jot down ideas in Spanish they remember from the theme of the story and/or task in the space provided under **Mis propias ideas**. These can be isolated sentences, phrases or short essays depending on level and what you think your students can do. The idea is to consolidate information and ideas they have learned.
- Optional: Review the **Otras ideas** box with students, providing vocabulary help as needed. Depending on the level of student, you may engage in some discussion asking them if a quote is true, how they might change the quote to fit what they believe, or to some up with a new quote or refrán.

Note that the tasks are designed to be used by novice- and intermediate-level learners. Although learners "interact" during the tasks, they do not create with language on their own. Instead, everything they need is on the page. (Consult the online instructor notes for how to engage more advanced learners and for additional follow-up ideas.) Of course, teachers are invited to substitute any of their own activities once the story has been read.

Cuentos cortos is a great way to keep providing much needed communicatively embedded input in your classrooms. Providing interesting stories with themes that resonate with learners is part of maximizing the language acquisition experience. We know that learners and teachers will enjoy these stories. Be on the lookout for other stories from **Input and More**.

Please visit www.inputandmore.com for additional information.

The Input and More Team

CONTENIDO

No hay libro tan malo que no tenga algo bueno.
—*Miguel de Cervantes*

Escribe lo que nunca debería ser olvidado.
—*Isabel Allende*

PRIMER CUENTO

EL ANILLO

¿Qué simbolizan estos anillos para ti?

Vocabulario clave

casarse/casarme	*to get married*
anillo	*ring*
desilusionados	*disappointed*
orgullosos	*proud*
alcanzar	*to reach/achieve*
cabe	*(it) fits*
dudas	*doubts*

Estoy nerviosa. Bueno, no estoy nerviosa. Estoy preocupada. No. No estoy preocupada. Estoy confundida. Sí. Eso. Estoy confundida. Tengo que tomar una decisión muy grande y no sé qué hacer.

Resulta que Jesse, mi novio, quiere casarse conmigo. Su nombre verdadero es Jesús pero todos le dicen Jesse. El otro día me sorprendió con un anillo mientras caminábamos en el parque.

"Sabes que te quiero mucho", me dijo.

"Y yo a ti", respondí.

Y luego me presentó el anillo. "Quiero casarme contigo. Espero que digas que sí".

Solo pude mirarlo y depués de una pausa le dije, "Jesse, no sé, uh, este, um, pues, es una decisión muy importante".

Me miró con ojos desilusionados.

Preguntas

¿Cómo está la narradora? ¿Por qué está así?

Mi nombre es Teresa. Tengo 21 años. Es abril y en dos semanas me gradúo de la Universidad de Colorado. Mi especialización es la microbiología y el próximo año comienzo mis estudios médicos aquí en Boulder. Quiero ser doctora. Soy la única persona en mi familia que va a sacar un diploma universitario. Por eso mis padres están muy orgullosos de mí. Siempre dicen cosas como "Teresa es muy inteligente" y "Teresa va a alcanzar muchas cosas buenas en la vida". Y la verdad es que sí quiero alcanzar muchas cosas buenas. Todo depende de mis estudios médicos.

¿Cómo cabe un matrimonio en mis planes?

Preguntas

¿Qué estudia la narradora? ¿Qué quiere ser en el futuro? ¿Qué pregunta tiene ella?

No sé si soy egoísta o si simplemente soy pragmática. Quiero mucho a Jesse pero ¿casarme? ¿a los 21 o 22 años? ¿Cuál es la probabilidad de que en diez o quince años estemos casados todavía? ¿Por qué no puedo decirle a Jesse que sí con mucha alegría? ¿Y qué pasa si le digo que no y en el futuro no se me presenta la misma oportunidad?

No sé si debo hablar con mis padres o con otras personas. Al final, la decisión es mia. Soy adulta. No puedo depender de otros para tomar una decisión. Jesse está esperando una respuesta. No sé cuánto tiempo puede esperar. Pobrecito. La desilusión en su cara cuando le dije que necesitaba pensarlo. Él parecía estar tan seguro. Y yo, pues, yo estoy con mis dudas.

No sé. Estoy mirando el anillo y estoy pensando. . .

 # ACTIVIDAD Un párrafo

Con otra persona, pon las siguientes oraciones en un orden lógico para formar un párrafo coherente.

- Jesse está esperando una respuesta pero Teresa solo mira el anillo y piensa.
- Mientras considera la situación se pregunta varias cosas.
- Pero Teresa tiene solo 21 años y tiene otros planes.
- Primero, ¿qué probabilidad hay de que en varios años ella y Jesse estén casados todavía?
- Quiere estudiar medicina para ser doctora.
- Segundo, ¿qué pasa si dice que no y en el futuro se encuentra sola?
- Su novio, Jesse, quiere casarse con ella.
- Teresa está confudida.

Ahora. . .

Sigue las instrucciones del profesor/de la profesora.

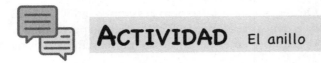

ACTIVIDAD El anillo

Paso 1 Indica lo que piensas de cada idea a continuación.

	ESTOY DE ACUERDO	NO ESTOY DE ACUERDO
1. Una persona es muy joven para casarse a los 21 o 22 años.	❑	❑
2. Una persona debe esperar hasta tener una carrera o profesión para casarse.	❑	❑
3. Es buena idea vivir con una persona antes de casarse con él/ella.	❑	❑
4. Los hombres y las mujeres tienen ideas diferentes sobre el matrimonio (sin importar su orientación sexual).	❑	❑
5. No creo en el matrimonio y no pienso casarme.	❑	❑

Paso 2 Busca una persona que tenga las mismas ideas que tú.

    MODELO   ¿Estás de acuerdo con el número 1?

Paso 3 Escucha las instrucciones del profesor/de la profesora.

Ideas finales

"Lo mejor es ser franco".
Refrán español

"Me preguntas si debes o no casarte: pues, de
cualquier cosa que hagas te arrepentirás".
Sófocles

"La felicidad en el matrimonio depende
enteramente de la suerte".

Jane Austen

ALGO MÁS En el Internet

Busca información en el Internet relacionada con una o más de las siguientes ideas.

- Un refrán español relacionado con el matrimonio

- Datos sobre la edad media de matrimonio en algunos países hispanos y en los Estados Unidos

- Datos sobre la tasa de divorcio en algunos países hispanos y en los Estados Unidos

MIS PROPIAS IDEAS

Escribe aquí tus ideas sobre el tema de hoy.

_____

_____

_____

_____

_____

_____

_____

_____

_____

_____

_____

_____

_____

_____

_____

_____

_____

_____

SEGUNDO CUENTO

EL SECRETO

¿Tienes un secreto que no quieres revelar?

Vocabulario clave

camisa	*shirt*
corbata	*tie*
traje	*suit*
relación estrecha	*tight (close) relationship*
nos parecemos	*we look alike*

Me llamo Tomás. Tomás Rodríguez. Soy latino, de ascendencia mexicana, y tengo 19 años. Vivo en Sacramento, California. Sacramento es la capital de mi estado. Pero eso no es importante para mi historia.

Soy estudiante en la Universidad de California en Davis. Estudio negocios. Pero quiero cambiar mi campo a algo diferente. No me gustan los negocios y no quiero trabajar donde tengo que vestir corbata, camisa blanca y traje todos los días. Pero eso tampoco es importante para mi historia.

Preguntas

¿Qué sabes de Tomás hasta este punto en el cuento? Di dos o tres cosas que sabes de él.

Entonces, ¿cuál es mi historia? Tengo un secreto. Tengo un secreto que nadie sabe. No lo saben mis padres. No lo sabe mi hermano, Carlos. Carlos tiene 18 años y va a la CSU Sacramento. Tenemos una relación muy estrecha porque solo un año nos separa y somos los únicos hijos en la familia. También nos parecemos mucho. Muchas personas creen que somos gemelos pero no.

¿Y mis amigos? No tengo muchos. En la universidad no hablo mucho con otras personas. Solo con Ricky. Ricky y yo tenemos la misma clase de estadística. Es buen chico, muy estudioso. A veces comemos juntos y estudiamos juntos para los exámenes. Pero Ricky no sabe mi secreto.

Nadie sabe mi secreto.

Preguntas

¿Quién es Carlos? ¿Cuál es la relación entre él y Tomás? ¿Y quién es Ricky?

No sé qué voy a hacer. Necesito hablar con alguien pero tengo miedo. ¿Por qué? Buena pregunta. Creo que tengo miedo de la reacción de otras personas.

De veras, no sé qué voy a hacer. Posiblemente escribo aquí mi secreto. Esta página es un espacio privado, ¿no? Pero, ¿qué pasa si alguien lee lo que escribo? ¿Qué pasa si alguien abre mi laptop y ve mi secreto? No. No lo voy a escribir. No voy a revelar mi secreto aquí. Tengo miedo.

Es mejor esperar. . .

 # ACTIVIDAD Un párrafo

Con otra persona, pon las siguientes oraciones en un orden lógico para formar un párrafo coherente.

- ¿Qué va a hacer Tomás?
- Es evidente que tiene miedo y probablemente va a esperar.
- Pero no lo quiere revelar.
- Sus padres no saben su secreto.
- Tampoco lo saben su hermano y su amigo.
- Tomas tiene un secreto.

Ahora. . .

Sigue las instrucciones del profesor/de la profesora.

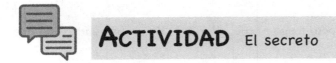

ACTIVIDAD El secreto

Paso 1 Indica dónde estás en la escala para cada oración a continuación.

		¡Sí!	Sí…	No…	¡No!	No quiero decir
1.	Tengo secretos que no quiero revelar.	❏	❏	❏	❏	❏
2.	Creo que (en general) las personas guardan bien los secretos.	❏	❏	❏	❏	❏
3.	Creo que las personas son chismosas (por naturaleza).	❏	❏	❏	❏	❏
4.	Yo puedo guardar bien los secretos.	❏	❏	❏	❏	❏
5.	Yo soy chismoso/a (por naturaleza).	❏	❏	❏	❏	❏
6.	Quiero saber el secreto de Tomás.	❏	❏	❏	❏	❏

Paso 2 Entrevista a otra persona en la clase sobre las ideas del Paso 1. Anota sus repuestas en la tabla a continuación.

		¡Sí!	Sí…	No…	¡No!	No quiero decir
1.	¿Tienes secretos que no quieres revelar?	❏	❏	❏	❏	❏
2.	¿Crees que (en general) las personas guardan bien los secretos?	❏	❏	❏	❏	❏
3.	¿Crees que las personas son chismosas (por naturaleza)?	❏	❏	❏	❏	❏
4.	¿Puedes tú guardar bien los secretos?	❏	❏	❏	❏	❏
5.	¿Eres chismoso/a (por naturaleza)?	❏	❏	❏	❏	❏
6.	¿Quieres saber el secreto de Tomás?	❏	❏	❏	❏	❏

Paso 3 Sigue las instrucciones del profesor/de la profesora.

Ideas finales

"A quien dices el secreto, das tu libertad".
Refrán español

"Dos pueden guardar un secreto, si uno está muerto".
Benjamin Franklin

"Todo el mundo tiene secretos. La única cuestión es encontrar dónde están".

Stieg Larsson

ALGO MÁS En el Internet

Busca información en el Internet relacionada con una o más de las siguientes ideas.

- Un refrán español relacionado con el miedo o el temor
- Novelas, telenovelas, películas u otra producción en español que trata la cuestión de un secreto o secretos
- Los problemas más serios que enfrentan a los estudiantes universitarios

MIS PROPIAS IDEAS

Escribe aquí tus ideas sobre el tema de hoy.

_____

_____

_____

_____

_____

_____

_____

_____

_____

_____

_____

_____

_____

_____

_____

_____

_____

_____

_____

_____

_____

TERCER CUENTO

QUIERO SER

CARACOL

¿Quién tiene la mejor vida?

Vocabulario clave

baboso	*slug*
caracol	*snail, also the 'shell' of a snail*
hoja	*leaf*
puerco	*pig*
rana	*frog*
sapo	*toad*

Hola. Soy Bobbi el baboso. No me gusta ser baboso. Bueno, la vida no es muy mala para los babosos. Es una vida bonita. Tomamos sol. Comemos vegetales. Bueno, comemos las hojas de ciertas plantas. No son vegetales siempre. Por ejemplo no comemeos brócoli. No comemos zanahorias. No comemos frijoles. Sí, comemos espinacas a veces. Sí, comemos las hojas de muchas flores. Como todos, tenemos nuestro gusto.

Lo bueno es que no trabajamos. Solo comemos. Y tomamos sol. Y hacemos más babosos. Es una vida bonita. Pero no me gusta.

Preguntas

¿Quién es Bobbi? ¿Qué hacen los babosos? ¿Qué no le gusta a Bobbi?

¿Por qué no me gusta?

No me gusta porque no tengo caracol. Quiero un caracol. Quiero ser caracol. Los caracoles tienen más prestigio que nosotros. Piénsalo bien. Si vas a un restaurante francés, ¿ves baboso en el menú? ¡No! Pero sí ves caracol. Caracol con mantequilla, ajo y perejil. O caracol con salsa de tomate. Los caracoles tienen mucho más valor que los babosos. Si tu nombre está en un menú francés, pues, tienes mucho valor. Es un gran honor estar en un menú francés.

Mira lo que pasa con las ranas y los sapos. En un menú francés hay patas de rana. No hay patas de sapo. ¿Quién quiere comer sapo? Nadie. Las ranas tienen más valor que los sapos. Y es igual con los caracoles y los babosos. Ellos tienen más valor que nosotros. ¿Quién quiere comer baboso? Y todos sabemos que los franceses son los reyes de la cocina.

Preguntas

¿Qué quiere ser Bobbi? Según él, ¿por qué tienen los caracoles "mas prestigio"? ¿Qué otro animal tiene prestigio según Bobbi?

Ahora que lo pienso bien, ser caracol tiene una gran desventaja. Si estás en un menú francés quiere decir que te pueden comer. Los caracoles son comida. Como las vacas y los pollos. Como las ranas. Como los puercos. Yo no quiero ser comida. No quiero ser el "plato del día" de nadie.

Bueno. Quizás no es tan malo ser baboso. Mejor ser baboso y estar vivo que ser caracol y ser el plato del día. Sí, sí. La vida de un baboso no es tan mala. Comemos. Tomamos sol. Y hacemos más babosos. Es una vida bonita. . .

ACTIVIDAD   Un párrafo

Con otra persona, pon las siguientes oraciones en un orden lógico para formar un párrafo coherente.

- ¿Por qué?
- Bobbi es un baboso.
- Como dice Bobbi, ¡hay caracol en los menus franceses y no baboso!
- Decide que no quiere ser el "plato del día" de nadie.
- Lleva una vida buena.
- Pero al final, Bobbi piensa que no es buena idea ser caracol.
- Pero no está muy contento.
- Porque los caracoles tienen más prestigio que los babosos.
- Quiere ser caracol.

Ahora. . .

Sigue las instrucciones del profesor/de la profesora.

Paso 1 Con otra persona decide qué tiene "más prestigio" o "más valor." No tienes que explicar tu decisión en este momento.

1.   a. Ser dentista tiene más prestigio que ser veterinario.
         b. Ser veterinario tiene más prestigio que ser dentista.

2.   a. Ser profesor tiene más prestigio que ser abogado.
         b. Ser abogado tiene más prestigio que ser profesor.

3.   a. Tener un BMW tiene más prestigio que tener un Volkswagon.
         b. Tener un Volkswagon tiene más prestigio que tener un BMW.

4.   a. Ser francés tiene más prestigio que ser alemán.
         b. Ser alemán tiene más prestigio que ser francés.

5.   a. Ser águila tiene más prestigio que ser cóndor.
         b. Ser cóndor tiene más prestigio que ser águila.

Paso 2 Comparte tus ideas con la clase.

    MODELO   Tanya y yo decimos que ser dentista tiene más prestigio que ser veterinario. Yo digo que ser profesor tiene más prestigio que ser abogado, pero Tanya dice que ser abogado tiene más prestigio.

Paso 3 A base de lo que dice la clase en el Paso 2, ¿hay acuerdo general? ¿Hay muchas discrepancias?

Ideas finales

"Gusta lo ajeno, más por ajeno que por bueno".
Refrán español

"El prestigio es la sombra del dinero y del poder".
C. Wright Mills

"No hay pasión más fuerte en el ser humano que la envidia".

Richard Brinsley Sheridan

 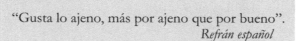
ALGO MÁS En el Internet

Busca información en el Internet relacionada con una o más de las siguientes ideas.

- Una definición en español de "envidia"

- Datos sobre el ingreso medio en algunos países hispanos y en los Estados Unidos

- Datos sobre las cinco profesiones más respetadas en algunos países hispanos y en los Estados Unidos

MIS PROPIAS IDEAS

Escribe aquí tus ideas sobre el tema de hoy.

_____

_____

_____

_____

_____

_____

_____

_____

_____

_____

_____

_____

_____

_____

_____

_____

_____

_____

CUARTO CUENTO

SUEÑO CON OTRA VIDA

¿Con qué sueñas?

Vocabulario clave

cada vez	*each time*
cuida	*takes care (of)*
emocionante	*exciting*
quedarse	*to stay*
siglo	*century*
sueño con	*I dream about*

Tengo un libro que se llama *The Fun of It*. La escritora es la famosa piloto Amelia Earhart. Cada vez que leo un capítulo, sueño con ser una piloto que viaja por todo el mundo. Earhart es mi heroína. ¡Qué mujer y qué vida! Los lugares que ella visitó. Las cosas que vio.

Mi nombre es Gloria. Gloria Trujillo. Tengo 17 años y vivo en un pueblo pequeño en Nuevo México. El pueblo se llama Truchas. Es verdaderamente pequeño, de unas 400 personas. No pasa nada aquí. Los días son todos iguales. La vida es aburrida y poco interesante. Si te gusta la tranquilidad, Truchas es un lugar ideal. Pero yo no quiero una vida aburrida. Quiero una vida emocionante, llena de acción y aventura.

Quiero vivir como Amelia Earhart.

Preguntas

¿Cómo se llama la protagonista del cuento? ¿Cuántos años tiene? ¿Qué tipo de vida quiere?

Soy la única hija en la familia. Mis tres hermanos están contentos de quedarse aquí en Truchas. Pero yo no. Mis padres no me comprenden. No comprenden mis deseos.

"¿Por qué quieres salir de Truchas?", pregunta mi mamá. "Aquí la vida es bonita. Generaciones de Trujillo llaman este lugar su casa".

Veo a mi mamá y veo a una mujer sin ambición. Solo trabaja en la casa. Cuida a la familia. No quiero ser como ella. Bueno, lo que quiero decir es que quiero otra vida. Mi mamá es muy buena persona, muy cariñosa. Por supuesto la respeto. Pero creo que tengo otro destino. No. *Sé* que tengo otro destino. Allá, en el mundo. Como Amelia Earhart.

Preguntas

¿Qué sabes de la familia de la protagonista? ¿Qué dice ella sobre su mamá?

Hay una mujer que se llama Elena Oliver. Es mi amiga, aunque ella es mucho mayor. Es artista. Dice que Truchas es un buen lugar para los artistas.

"Los artistas buscan la tranquilidad", me dice. "Mira a Georgia O'Keefe. Abandonó Nueva York para vivir en un rancho en Abiquiu".

"Pero yo no soy artista", le contesto. "Quiero ser piloto. Quiero viajar por el mundo".

"Entonces", dice Elena. "Vas a ser piloto. Puedes hacer lo que quieras en la vida".

Sí. Puedo hacer lo que quiero. No sé cómo lo voy a hacer pero lo voy a hacer. Quiero ser piloto. Quiero ser la Amelia Earhart de este siglo . . .

 # ACTIVIDAD Un párrafo

Con otra persona, pon las siguientes oraciones en un orden lógico para formar un párrafo coherente.

- Así puede visitar muchos lugares diferentes y conocer el mundo.
- Gloria Trujillo es una chica de 17 años.
- No entienden por qué ella quiere dejar su pueblo y dejar a su familia.
- Pero sus padres no entienden.
- Quiere ser piloto—una piloto como Amelia Earhart.
- Tiene un sueño.
- Vive en un pueblo pequeño en Nuevo México.

Ahora. . .

Sigue las instrucciones del profesor/de la profesora.

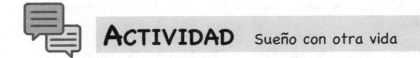

ACTIVIDAD   Sueño con otra vida

Paso 1 Indica si la oración se te aplica o no.

	Sí, se me aplica.	No se me aplica.
1. Soy de un pueblo pequeño.	❑	❑
2. Mis padres no comprenden mis sueños.	❑	❑
3. Sueño con tener una vida llena de acción y aventura.	❑	❑
4. Quiero viajar mucho y visitar lugares diferentes.	❑	❑
5. No quiero tener la misma vida que mis padres.	❑	❑

Paso 2 Con otra persona, comparen sus respuestas. Después decidan dónde están ustedes en la siguiente escala.

Soy mucho como Gloria   No soy nada como Gloria

   O 5   O 4   O 3   O 2   O 1

MODELO   ¿Eres de un pueblo pequeño?
¿Comprenden tus padres tus sueños?
¿Sueñas con tener una vida llena de acción, de aventura?
¿Quieres viajar mucho y visitar lugares diferentes?
¿Quieres tener la misma vida que tus padres?

Paso 3 Sigue las instrucciones del profesor/de la profesora.

Ideas finales

"Cada dueño tiene su sueño".
Refrán español

"El sueño es el alivio de las miserias para los que
las sufren despiertos".

Miguel de Cervantes

"Soñar es una forma de planificación".
Gloria Steinem

 ALGO MÁS En el Internet

Busca información en el Internet relacionada con una o más de las siguientes ideas.

- El pueblo de Truchas, Nuevo México y el pueblo de Paralejos de las Truchas, España

- Datos sobre el pocentaje de mujeres pilotos en algunos países hispanos y en los Estados Unidos

- Los sueños o deseos más populares, no los suenos nocturnos

MIS PROPIAS IDEAS

Escribe aquí tus ideas sobre el tema de hoy.

_____

_____

_____

_____

_____

_____

_____

_____

_____

_____

_____

_____

_____

_____

_____

_____

_____

_____

_____

QUINTO CUENTO

EL QUE NO ARRIESGA

¿Tienes un amor secreto?

Vocabulario clave

¡qué pesados!	*how tiresome!*
beso	*kiss*
cuerpo	*body*
lo que siento	*what I feel*
me aclaro la garganta	*I clear my throat*
mejilla	*cheek*
metiche	*nosy*
pasillo	*hallway*
se vuelve	*(he) turns around*
taquilla	*locker*

Mañana es el 14 de febrero. El Día de San Valentín. No sé qué voy a hacer. Quiero declarar mi amor por David Alford pero tengo miedo. Es el chico más popular de la escuela. Tiene muchos amigos. Juega varios deportes y también es muy buen estudiante.

¿Qué le digo? *Uh, Hola, David. Te quiero mucho y quiero saber si te interesa . . .* ¡Uy! No puedo. Quizás debo hablar con mi amiga Elena. Ella puede ser intermediaria. No. Eso es mala idea. Yo debo hablar con David. Pero, ¿cómo?

Preguntas

¿Qué es mañana? ¿Qué quiere hacer la persona que narra este cuento? Está preparada la persona?

Mi mamá sabe lo que siento. Ha leído mi diario. Es un poco metiche. "¿Quién es David Alford?" me pregunta. "¿Es gringo?"

Mis padres son muy tradicionales. Creen que los mexicanos deben estar con otros mexicanos, igual que los gringos con los gingos, los japoneses con los japoneses. "Busca un buen chico mexicano", me dice mi papá. "Vas a tener mucho más en común con él". ¡Ay, qué pesados son mis padres! ¿No estamos en el siglo XXI?

En mi cama es difícil dormir. Solo pienso en David Alford. Sus ojos azules. Su pelo rubio. Su cuerpo atlético. A medianoche decido: mañana, Día de San Valentín, ¡voy a invitarlo a tomar un café!

Preguntas

¿Cómo son los padres en este cuento? ¿Por qué no duerme bien la persona que narra el cuento?

Son las 11:50. Salimos de clase para el almuerzo. Veo a David en el pasillo. Está abriendo su taquilla. ¿Tengo la valentía para hablar con él? La voz de Elena interrumpe mis pensamientos.

"Estás viendo a David, ¿no?", me dice. "No sé por qué tienes miedo. Habla con él". Elena tiene razón. Como dice mi abuelo, "El que no arriesga, no gana". David empieza a buscar algo en su taquilla. Me aclaro la garganta. David se vuelve.

"Hola, Carlos", me dice en español. "Feliz Día de San Valentín".

"Feliz Día de San Valentín", contesto. "Em, David. Tengo algo que decirte". Él me mira. "Pues, em, no sé si quieres, pero, em, este . . . "

"Sí", me dice. No entiendo. Y con una sonrisa enorme él añade, "Sí, a lo que quieres preguntarme". Y con eso me da un beso en la mejilla y se va . . .

ACTIVIDAD Un párrafo

Con otra persona, pon las siguientes oraciones en un orden lógico para formar un párrafo coherente.

- "Sí", responde, "a lo que quieres preguntarme." Luego le da un beso a Carlos y se va.
- Al día siguiente, decide tomar acción. La persona está en el pasillo, abriendo su taquilla.
- Carlos está muy preocupado.
- La persona no es mexicana y sus padres son muy tradicionales. ¿Qué va a hacer?
- Mañana es el Día de San Valentín.
- Pero Carlos está nervioso y David parece entender.
- Quiere declarar su amor por alguien pero tiene miedo.
- Su nombre es David y dice "hola".

Ahora. . .

Sigue las instrucciones del profesor/de la profesora.

ACTIVIDAD El que no arriesga

Paso 1 Decide cuál es la mejor manera para "conectarte" con otra persona que te gusta. También debes decidir cuál es la peor manera para "conectarse uno" con otra persona. El número 6 está aquí por si acaso quieres

escribir tu propia idea.

1. Pedirle su número de teléfono y mandarle un texto.

2. Hablar con él/ella e invitarle a tomar café.

3. Usar un intermediario, como un amigo.

4. Pasarle una nota.

5. Inventar una excusa como "¿Tienes los apuntes de la clase?"

6. _____

Paso 2 Con otra persona, comparen sus respuestas. ¿Están de acuerdo en cuanto a la mejor y la peor manera?

MODELO   Yo creo que invitarle a tomar un café es la mejor manera. ¿Qué dices tú?
Yo creo que usar un intermedio es la peor manera. ¿Estás de acuerdo?

Paso 3 Sigue las instrucciones del profesor/de la profesora.

Ideas finales

"El amor todo lo puede".
Refrán español

"El amor viene a todo el mundo de maneras diferentes".

Julio Iglesias

"Así al amante le cuestan las palabras".
T.S. Eliot

ALGO MÁS En el Internet

Busca información en el Internet relacionada con una o más de las siguientes ideas.

- La edad media del primer beso en algunos países hispanos y en los Estados Unidos

- Refranes españoles sobre el amor

- Lugares y actividades típicas para la primera cita de adoloscentes y de adultos mayor de veintiún años

MIS PROPIAS IDEAS

Escribe aquí tus ideas sobre el tema de hoy.

_____

_____

_____

_____

_____

_____

_____

_____

_____

_____

_____

_____

_____

_____

_____

_____

_____

_____

_____

_____

_____

Now available!

BRIDGE LITERATURE

Longer stories for more advanced students. Great for students enrolled in courses prior to taking upper division literature and culture courses.

Check us out at inputandmore.com.

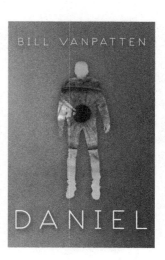

Made in the USA
Las Vegas, NV
11 September 2023

77393647R00026